Las cadenas alimentarias en el bosque

Trabajar en bucles

Elizabeth Krajnik

COMPUTACIÓN CIENTÍFICA EN EL MUNDO REAL™

Rosen Classroom™

Publicado en 2018 por The Rosen Publishing Group, Inc. 29 East 21st Street, New York, NY 10010

Autora: Elizabeth Krajnik
Traductor: Alberto Jiménez
Directora editorial, español: Nathalie Beullens-Maoui
Editora, español: María Cristina Brusca
Editora, inglés: Caitie McAneney
Diseño del libro: Jennifer Ryder-Talbot

Todas las ilustraciones por Contentra Technologies

Library of Congress Cataloging-in-Publication Data

Names: Krajnik, Elizabeth.
Title: Las cadenas alimentarias en el bosque: Trabajar en bucles / Elizabeth Krajnik.
Description: New York : Rosen Classroom, 2018. | Series: Niños digitales: Superdotados con pensamiento computacional / Computación científica en el mundo real | Includes glossary and index.
Identifiers: LCCN ISBN 9781538358429 (pbk.) | ISBN 9781538329122 (library bound) | ISBN 9781538358436 (6-pack) | ISBN 9781538358443 (ebook)
Subjects: LCSH: Forest ecology--Juvenile literature. | Forest animals--Juvenile literature. | Food chains (Ecology)--Juvenile literature.
Classification: LCC QH541.5.F6 K73 2018 | DDC 577.3--dc23

Créditos fotográficos: Cubierta, lalcreative/Shutterstock.com; p. 4-5 GUDKOV ANDREY/ Shutterstock.com; p. 6 Anton Foltin/Shutterstock.com; p. 7 TTphoto/ Shutterstock.com; p. 8 BGSmith/Shutterstock.com; p. 11 Alexandra Lelbix/ Shutterstock.com; p. 12 (forest) Rusla Ruseyn/Shutterstock.com; p. 12 (hawk) Robert L Kothenbeutel/Shutterstock.com; p. 12 (rabbit) Drew Horne/Shutterstock.com; p. 12 (snake) Mark Lehigh/Shutterstock.com; p. 15 (hawk silhouette) Tema Microstock/ Shutterstock.com; p. 15 (rabbit silhouette) cammep/Shutterstock.com; p. 15 (snake silhouette) Alexvectors/Shutterstock.com; p. 15 (tree silhouette) KoQ Creative/ Shutterstock.com; p. 16-17 Marten-House/Shutterstock.com; p. 18 Jeff Caughey/ Shutterstock.com; p. 20-21 Andrew Sutton/Shutterstock.com.

Fabricado en Estados Unidos de América

Información de cumplimiento CPSIA Lote #WS18RC: Si desea más información póngase en contacto con Rosen Publishing, New York, New York, teléf. 1-800-237-9932

Contenido

¿Qué es una cadena?

Las plantas y los animales dependen unos de otros para sobrevivir. Todos los seres vivos forman parte de una cadena alimentaria. Con ella los científicos muestran cómo el flujo de energía pasa de un ser vivo al siguiente. La energía se **transfiere** cuando un organismo se come a otro. Aunque las cadenas pueden ser simples o **complejas**, todas se repiten una y otra vez cada día.

No es imposible que una cadena se acabe, pero tienen que concurrir varias circunstancias, como que las fuentes alimentarias **escaseen** o los organismos mueran. Si una especie, o clase, de un organismo se queda sin comida, la cadena alimentaria se interrumpe. Todas las especies de un organismo que coman esa especie pueden desaparecer también.

Un león que come una cebra forma parte de una cadena alimentaria simple.

Productores

Todos los organismos necesitan energía para vivir. Los productores son el primer eslabón de la cadena alimentaria. Crean su propio alimento, que les sirve de energía, mediante un proceso llamado *fotosíntesis.* En la fotosíntesis, las plantas toman luz solar, un gas llamado *dióxido de carbono* y agua del suelo a través de las raíces, y fabrican un tipo de azúcar llamado *glucosa.* Otro producto de la fotosíntesis es el gas llamado *oxígeno,* que los animales y los humanos necesitan para respirar.

Las plantas llevan a cabo la fotosíntesis gracias a la clorofila, una sustancia verde que absorbe la energía solar. En los ecosistemas forestales hay muchas plantas que realizan la fotosíntesis, como árboles, arbustos, hierba, maleza y musgo.

Los cactus son importantes productores en los ecosistemas desérticos. En el ártico, el liquen de los renos es un productor común.

Aunque hay gente que cree que los osos son solo carnívoros, en realidad son omnívoros; para obtener energía, comen tanto carne como plantas.

Consumidores

Los consumidores son el segundo eslabón de la cadena alimentaria. En la mayoría de las cadenas hay tres tipos de consumidores: primarios, secundarios y terciarios. Los primarios son organismos que comen productores. Algunos son herbívoros, o animales que solo comen plantas. Los herbívoros forestales incluyen conejos, ciervos e insectos.

Los consumidores secundarios comen consumidores primarios. Algunos son carnívoros, o animales que solo comen carne, y otros omnívoros, o animales que comen carne y plantas. En el ecosistema forestal, los consumidores secundarios incluyen los zorros y los búhos.

Los consumidores terciarios –el tercer nivel de los consumidores– son a veces superdepredadores, o animales que están en el nivel más alto de la cadena alimentaria. Estos seres no tienen depredadores naturales. Los pumas son los superdepredadores del ecosistema forestal.

Descomponedores

Estos son el último eslabón de la cadena alimentaria. Se trata de organismos que descomponen, rompen, los desechos **orgánicos**, como plantas y animales muertos, mediante un proceso químico. Incluyen las bacterias y varios tipos de hongos, como las setas.

Los animales llamados *detritívoros*, como la lombriz de tierra y la cochinilla, descomponen los desechos orgánicos al comer detritos, u organismos muertos. Los descomponedores y los detritívoros proporcionan **nutrientes** a los productores, lo que comienza de nuevo la cadena alimentaria. Mientras los descomponedores y los detritívoros dispongan de desechos orgánicos, la cadena seguirá funcionando.

Los descomponedores y los detritívoros forman parte del proceso llamado *fijación del nitrógeno*. En este proceso el gas nitrógeno se convierte en amoniaco, una sustancia química usada por los productores.

Sin descomponedores ni detritívoros, habría plantas muertas y materia animal por todas partes. Estos organismos ayudan a mantener sus ecosistemas limpios y ricos en nutrientes.

Niveles tróficos forestales

Si vemos los **niveles tróficos** como una pirámide, entendemos mejor cómo se transfiere la nutrición de un nivel al siguiente. Esta pirámide se llama *pirámide ecológica.*

Niveles tróficos

Los científicos llaman *niveles tróficos* a los eslabones de la cadena alimentaria. Los organismos se dividen en niveles tróficos según lo que comen. Todas las cadenas alimentarias tienen al menos dos niveles tróficos, y algunas hasta cuatro. El primer nivel trófico incluye a los productores, que también se llaman *autótrofos* porque son capaces de producir su propio alimento.

En el segundo nivel trófico están los consumidores primarios, que comen productores.

En el tercero están los consumidores secundarios, que comen consumidores primarios y, a veces, productores.

En el cuarto están los consumidores terciarios, que en ocasiones son superdepredadores.

Perder energía

Toda la energía de la cadena alimentaria proviene de los productores. Cuando un organismo se come a otro, no obtiene toda la energía de ese organismo. De hecho, solo alrededor del 10 % de la energía se transfiere de un nivel al siguiente. El otro 90 % se pierde cuando el organismo del nivel superior procesa el alimento, respira y se mueve. También se pierde en forma de calor corporal.

Como en cada paso de la cadena alimentaria hay menos energía **disponible**, en los niveles superiores de la pirámide ecológica hay menos animales. Hay más briznas de hierba que ratones, más ratones que serpientes y más serpientes que halcones.

flujo de energía y los niveles tróficos

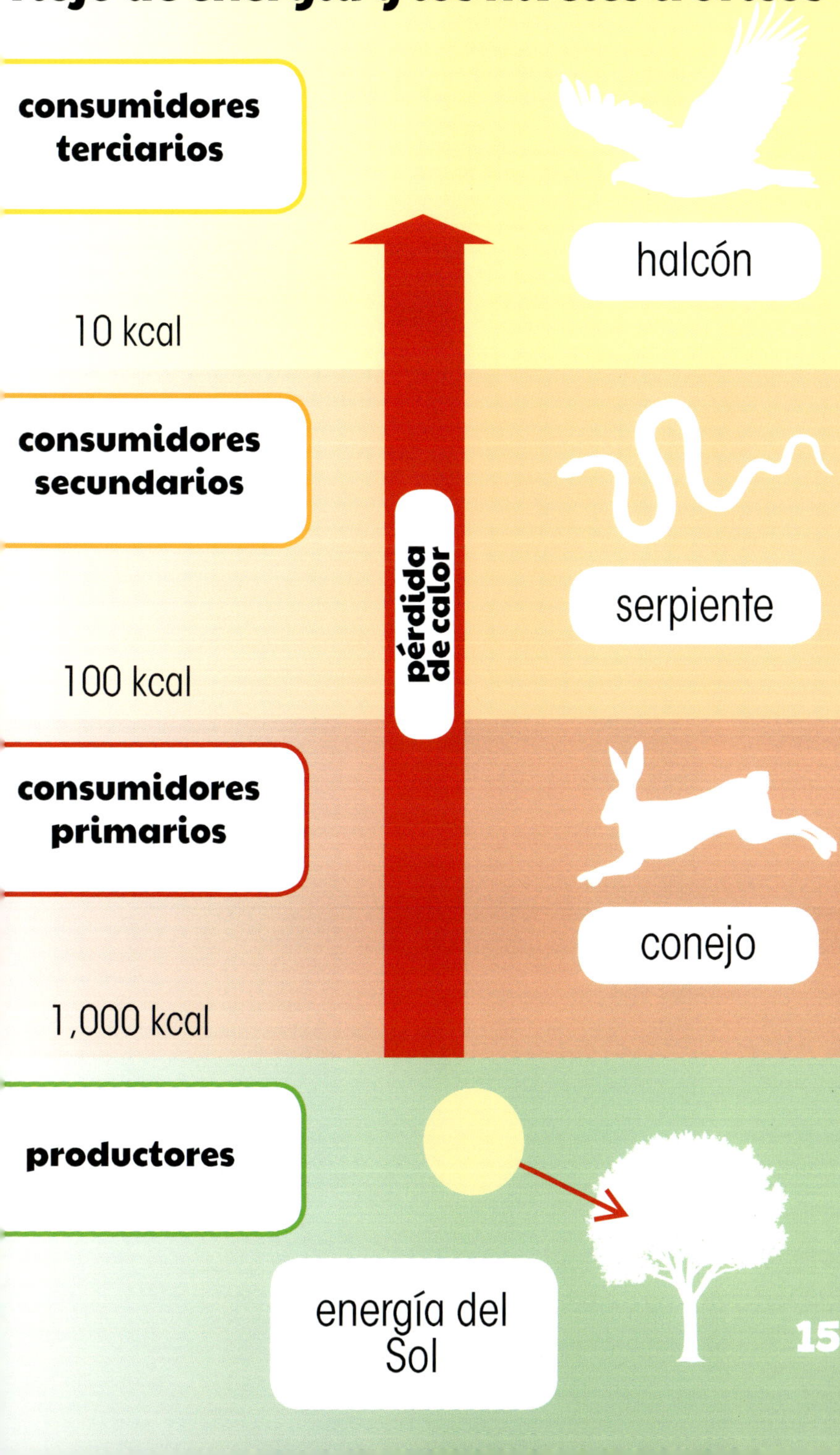

Muchas cadenas alimentarias

Una cadena alimentaria no existe aparte de las otras, porque la mayoría de los animales comen más de una cosa. Por ejemplo, la serpiente no solo come ratones; también come ranas, gusanos y peces. Muchos científicos ven esta superposición de cadenas alimentarias como una red alimentaria o trófica. La red trófica está compuesta por todas las cadenas

alimentarias de un ecosistema. Esto puede llegar a ser muy complejo.

Las redes tróficas representan la transferencia de **biomasa**. Cuando la red trófica se acerca a los niveles más altos de consumidores, estos organismos deben ingerir cada vez más biomasa. Si un organismo come demasiado de otro, el equilibrio del ecosistema y la red trófica peligran. La red trófica del ecosistema se debilita cuando los organismos mueren o escasean.

La deforestación, la tala de muchos árboles, provoca la pérdida de numerosas especies de productores, que son la parte principal de cualquier red trófica.

Las **especies invasivas**, como estos mejillones cebra de los Grandes Lagos, interrumpen las cadenas alimentarias, porque consumen los alimentos de las criaturas nativas.

Continuar eternamente

Mientras los ecosistemas no se destruyan ni ningún organismo se **explote** de forma perjudicial, la red trófica continuará. Los productores seguirán fabricando su propia comida, los consumidores primarios seguirán comiendo productores. Los descomponedores seguirán transformando seres muertos en nutrientes para el suelo. ¡Y el bucle volverá a empezar!

En cada nivel de la red trófica, las condiciones son propicias para que el ciclo prosiga. Sin embargo, si el ciclo se perturba por la pérdida de una especie o un organismo, cambiará o se detendrá. La actividad humana, la caza excesiva de ciertos animales o la contaminación del aire que respiramos y del agua que bebemos, perjudican a los animales y las plantas que necesitan aire y agua para vivir.

Cadenas alimentarias acuáticas

Las cadenas alimentarias están presentes en todos los ecosistemas de la Tierra. Las acuáticas pueden ser muy largas y complejas, porque contienen muchos organismos pequeños que comen otros organismos pequeños y así sucesivamente. En muchas de las cadenas alimentarias acuáticas, los productores primarios constituyen el fitoplancton, formado por organismos indetectables a simple vista. Estos realizan la fotosíntesis y son comidos por el zooplancton, compuesto por animales diminutos.

El zooplancton y el fitoplancton alimentan a muchos tipos de animales, llamados *filtradores*, que incluyen las esponjas de mar, las almejas y las vieiras, así como ciertos peces pequeños. Los filtradores obtienen su alimento filtrando el agua.

El siguiente nivel trófico incluye a los peces grandes. Los animales mayores, como algunas ballenas y los tiburones, comen peces grandes, ya que son superdepredadores.

La enorme ballena azul, una filtradora, absorbe por la boca muchos crustáceos pequeños conocidos como *kril*.

Bucles en la naturaleza

Cada ecosistema tiene muchas cadenas alimentarias, y estas conforman una red trófica. Las redes tróficas pueden ramificarse para incluir cadenas alimentarias pertenecientes a otros ecosistemas. El conjunto de redes tróficas mantiene vivas a todas las especies de la Tierra. Sin productores no habría consumidores. Sin consumidores no habría descomponedores. Sin descomponedores, nuestro suelo no tendría la fertilidad suficiente para que crecieran productores.

En la naturaleza hay muchos ciclos que aprender. El ciclo del agua es el camino seguido por el agua desde la superficie terrestre al cielo, y viceversa. El ciclo de la vida es la serie de cambios que experimenta un ser vivo. Estos ciclos o bucles nos ayudan a predecir lo que ocurrirá. ¡Presta atención a los bucles que encuentres en la naturaleza!

Glosario

biomasa: Cantidad de materia viva de un lugar.

complejo: Con muchas partes.

crustáceo: Animal con varios pares de patas y un cuerpo cubierto por un caparazón.

disponible: Algo que se puede conseguir o usar.

ecológico: Relativo a la ecología, rama de la ciencia que estudia las relaciones entre los seres vivos y entre estos y su entorno.

escasear: No haber cantidad suficiente.

especie invasiva: Planta o animal de una zona que se extiende con rapidez por una nueva zona y perjudica a las plantas y los animales nativos.

explotar: Usar algo de manera injusta o abusiva.

nivel trófico: Nivel de la cadena alimentaria cuyos organismos están separados un mismo número de pasos de los productores.

nutriente: Algo que un ser vivo necesita para vivir.

orgánico: Relativo a los seres vivos u obtenido de ellos.

transferir: Cambiar de lugar.

trófico: Perteneciente o relativo a la nutrición.

Índice